艺术品拍卖投资考成汇典系列

Yi Shu Pin Pai Mai
Tou Zi Kao Cheng Hui Dian Xi Lie

中国古代漆木家具拍卖投资考成汇典

关毅 编著

ZHONG GUO GU DAI
QI MU JIA JU
PAI MAI TOU ZI
KAO CHENG HUI DIAN

中国书店

图书在版编目（CIP）数据

中国古代漆木家具拍卖投资考成汇典 / 关毅编著. – 北京：
中国书店，2014.1
ISBN 978-7-5149-0899-2

Ⅰ.①中… Ⅱ.①关… Ⅲ.①漆器（考古）—木家具—拍卖
市场—研究—中国 Ⅳ.①F724.785

中国版本图书馆CIP数据核字(2013)第259512号

中国古代漆木家具拍卖投资考成汇典

选题策划：春晓伟业
作　　者：关毅
责任编辑：晏如
装帧设计：耕莘文化

出版发行：中国书店
地　　址：北京市西城区琉璃厂东街115号
邮　　编：100050
印　　刷：北京圣彩虹制版印刷技术有限公司
开　　本：889mm×1194mm　1 / 16
版　　次：2014年1月第1版　2014年1月第1次印刷
字　　数：190千字
印　　张：15
书　　号：ISBN 978-7-5149-0899-2
定　　价：398.00元

作者简介

关毅，字道远，号理成居士，清皇室满族镶黄旗人，
文物鉴赏家，收藏家，宫廷家具修复专家。
现任中国文物学会传统建筑园林委员会副秘书长，
中国紫禁城学会理事，
北京世纪宣和中式古典家具技术研究院院长，
著名红木企业太和木作创办人，
故宫博物院乾隆花园古旧文物家具修复研究项目负责人。
关毅先生长期从事古旧文物家具鉴定研究、修复的工作，
他所修复的古家具还原了古典家具的历史风格，恢复了其应有的
艺术价值。

2007年

关毅先生为北京奥运会设计的作品"中华玉文房"紫檀木提匣被
瑞士洛桑奥林匹克博物馆永久收藏。

2008年至今

关毅先生亲自主持故宫博物院乾隆花园古旧文物家具勘察修缮与
内檐装修大修工程，抢救了大量珍贵的历史文物。

2010年9月

关毅先生主持修复的"乾隆花园古典家具与内装修设计展"，在美
国马萨诸塞州皮博迪埃塞克斯博物馆正式向公众开放，轰动全美。

2011年1月31日

关毅先生主持修复的部分文物家具在美国纽约大都会艺术博物馆
举办的"养性怡情乾隆珍宝展"中惊艳全球。

2012年6月12日—10月14日

为庆祝香港回归十五周年，关毅先生主持修复的故宫乾隆文物家
具展在香港隆重举办，成为中华民族文化史上一大盛事。
关毅先生同时担纲多家拍卖公司艺术品投资顾问，经其鉴定修复
的古家具不计其数。
关毅先生出身满族世家，系清皇室贵胄，自幼诗礼传家，年少时
留学海外，眼界高远，学贯中西，思接古今。
关毅先生研究古典家具独辟蹊径，学术研究与创新屡有超越前人
之处。

德克勒先
完美

De Kle

·广州

Perfect

旅游协会　Fransch

```
      1
    ┌───┐
    │ 3 │
  2 ├───┤
    │ 4 │
  5 └───┤ 6
```

1.关毅先生向诺贝尔和平奖获得者、南非共和国前总统德克勒克先生赠送"太和充满"牌匾

2.古斯塔夫·艾克夫人曾佑和女士向关毅先生赠送《中国黄花梨家具图考》一书并题词

3.香港著名古董家具收藏家、嘉木堂主人伍嘉恩女士莅临香港艺术馆

4.香港著名古家具收藏家、"攻玉山房"主人叶承耀先生（左）莅临香港艺术馆

5.关毅先生与故宫博物院研究馆员胡德生先生在故宫太和殿前合影。

6.关毅先生亲自参与故宫文物勘察与修复

前　言

　　中国古代家具是中华民族传统文化中，遗存最丰富、内容最广泛并与社会生活联系最紧密的物质文化遗产。一件件精美的古代家具不仅是中国古代社会历史持续发展和生产力水平不断提高的缩影，更能映衬出各个历史时期在社会制度、思想文化、生活习俗、审美情趣等方面的成就和变迁。中国古代家具文化，无疑是博大精深的中华民族传统文化及华夏艺术宝库中最不可分割和最辉煌灿烂的重要组成部分。

　　面对如此浩瀚、深邃、厚重而又极具质感魅力的文化瑰宝，以我一个学戏剧出身的"门外汉"底子，企图从中获取一二心得，实有力不从心之感。我知道，这一切都是因为自己"盛名之下，其实难副"惹的祸。数年前，缘于自己血液之中那一点点"皇室血脉"的感召，加之从小浸染于金石书画、古玩瓷器之中，那一层层耳濡目染的精神发端，又承蒙中国文物学界专家、学者、朋辈师友们的提携和推举，个人勇于进取，一气呵成，创办了"北京世纪宣和中式古典家具技术研究院·太和木作"，并担任院长一职。"太和木作"视传统文化的仁、义、礼、智、信为纲常，奉传统制作工艺为圭臬，以新知而利天下。盖因于此，积个人多年夙愿，编辑完成了《中国古代家具拍卖投资考成汇典》丛书。可以说，是自己多年以来向喜好中国古典家具的读者朋友们交的一份答卷。

　　《中国古代家具拍卖投资考成汇典》系列丛书涵盖漆木、黄花梨木、紫檀木、红木和柴木等五个不同主题，旨在对近年来一浪高过一浪的国内古代家具市场，在"拍卖与投资"两大领域的湍急潮流之中，梳理出一条可知可鉴的"实物线索"，为热爱中式古典家具的朋友们，提供可资借鉴的参考。更希望它能成为广大家具收藏爱好者，实用而具指导意义的案头必备读物。

《中国古代家具拍卖投资考成汇典》系列丛书除按材质工艺分为上述五卷外，各卷均按照家具的使用功能将拍品大致分为坐具、卧具、放置陈设、贮藏、屏蔽、文房及其他六大类。经过精心挑选、认真辨伪，精选了近二十年间国内高端拍卖行的拍品，并附有详细的拍卖交易信息。同时按照家具的器形由简而繁，拍卖的价格由高到低，参照纹饰风格等，进行梳理排列，以求全面、客观、真实地反映中国古代家具的拍卖导向。

《中国古代家具拍卖投资考成汇典》系列丛书不仅具有很强的实用价值，还兼具一定的鉴赏价值。我们的意图是，让读者朋友们在实现快捷搜索和查询的同时，获得视觉和感观上的审美愉悦，以满足广大家具爱好者的投资和鉴赏需求。

《中国古代家具拍卖投资考成汇典》系列丛书秉承精益求精的原则，以谨慎入微的态度去遴选和甄别每一件拍品。真诚希望它们不但能成为古典家具断代、辨伪的标杆，同时也能让朋友们尽可能全面掌握古典家具拍卖投资的第一手资讯；将书中的相关拍卖知识融会贯通，转化成能提升收藏投资回报的最大收益。当然，更希望它能在近年来古典家具投资市场的无限商机中，提供给朋友们一个理性分析和灵动预测的参考空间，便于大众了解和掌握中国古典家具的精华。

古代中式家具的内涵极其广博，集材质美、造型雅、结构考究、工艺精湛于一体，有着深厚的人文内涵和隽永的艺术生命力，又因其独特的历史文化价值，具有很大的升值空间。今天，随着人们物质生活的蒸蒸日上，投身参与古代家具投资与收藏队伍的人越来越多，尽管我们每一个人对于古代中式家具的鉴赏能力，或良莠不齐，或见仁见智，但深入其中，终究能发现有许多"规律"可寻。这样的"规律"既代表了对于中国古代家具最高水平的鉴赏，同时也意味着它身处今天的市场经济中，真实可信的货币价格和历史文化的艺术人文的价值评估。

柯林武德说："过去的历史今天依然活着，它并没有死去。"每天穿梭于一地古香典雅、满眼历史印痕的故宫，日往月来，年复一年，对于古典家具的审美激情催人华发早生。看着眼前这累累的文字书稿，留连于一张张精致的古典家具图片，想着这些年来辛苦积攒起来的经验和心得，禁不住心情舒畅起来，产生许许多多"知遇"的感慨。这种舒畅是源远流长的中华传统文化赐予我的人生幸运，这样的"知遇"是无数热爱中国古代家具的人们，共同传递给我的美妙的福气，这样的知足感恩是自己心心念念积蓄起来的点点滴滴最真实的感受。

但愿我们的努力能为弘扬中华木作文化尽一份绵薄之力，则余愿足矣！

北京世纪宣和中式古典家具技术研究院院长

关毅

2013年9月2日

中国古典家具拍卖二十年

关毅

一、古典家具拍卖起步虽晚但方兴未艾

拍卖系舶来品，自十九世纪七十年代传入中国，伴随着中国社会的兴衰更替，历经百余年沧桑。中国古典家具最初只是在专业人士及爱好者中探讨，国人习焉不察，所以第一个为中国传统家具著书立说的人反倒是德国人古斯塔夫·艾克（Gustav Ecke）。1944 年艾克和其助手杨耀出版了《中国花梨家具图考》。1971 年，美国人安思远（R. H. Ellsworth）完成《中国家具》（Chinese Furniture）一书，在中国家具研究史上占有重要一席。

1983 年，王世襄先生的《明式家具珍赏》及后来的《明式家具研究》相继问世。此后，有关中国古典家具的研究、收藏、展览、出版呈现"繁花万树迷人眼"的景象，让国人知晓古典家具作为高雅文化，兼具实用性、观赏性和收藏价值，既可实用，也可宝藏，能够充分体现藏家的品位。

1985 年之后，随着我国经济体制改革的不断深化，拍卖交易迅速恢复和发展。古典家具拍卖起步虽晚，但因为其厚重的文化含量和巨大的经济价值，日益受到人们的喜爱和重视，发展势头方兴未艾。

从 1994 年秋季开始，中国古典家具进入拍卖领域，当年中国嘉德和北京翰海共同推出十件黄花梨拍品，虽然上拍量较少，价位也低，但在中国拍卖交易史上及古典家具收藏研究领域却具有重要的里程碑意义。从那时算起，中国古典家具拍卖走过了二十年不平凡的历程。

1996 年，纽约佳士得总部举行了一场中国古典家具拍卖会，这是一场标志性的拍卖会。来自全世界的三百多位收藏家、文博专家、实业家参加拍卖，参拍的 107 件中国明清古典家具无一例外全部成交，创造了国际拍卖市场上少有的奇迹，因此被业界称为中国古典家具跻身世界级重要拍卖品行列的标志。

曾几何时，一代鉴古大家王世襄面对"文革"中明清家具惨遭毁坏的惨状，仰天长啸："中岁徒劳振臂呼，檀梨惨殛泪模糊。"而面对"文革"之后古典家具拍卖的中兴，又令王世襄先生喜不自禁，"而今喜入藏家室，免作胡琴与算珠。"

到 2004 年秋，古典家具的关注度得到进一步提高，价位首次突破千万元大关。而从 2009 年秋开始，古典家具拍卖市场迅猛发展，并在 2010 年春形成历史高峰，上拍量为 289 件。2011 年，古典家具的拍卖场次安排趋于频繁，仅中国嘉德就举办了七场家具拍卖，春拍更是获得两个专场 100% 的非凡成交业绩。

从近年拍卖数据来看，古典家具行情稳步上升：

2007 年 5 月，香港佳士得，清朝康熙御制宝座拍出 1376 万港元，打破了御制宝座的世界拍卖纪录。

2007 年 11 月，北京保利，清乾隆紫檀方角大四件柜以 2800 万元人民币创下了中国明清家具拍卖的世界纪录。

2008 年 4 月，中国嘉德，清乾隆紫檀雕西番莲大平头案，拍出 3136 万元人民币。清乾隆紫檀束腰西番莲博古图罗汉床以 3248 万元人民币刷新中国明清家具拍卖的世界纪录。

2008 年，纽约苏富比中国古典家具的成交率高于其 80% 的普遍成交率，明代家具更是百分百成交。

2009 年 10 月，香港苏富比，清乾隆御制紫檀木雕八宝云纹水波云龙宝座以 8578 万港元的拍卖价格再破中国家具世界拍卖纪录。

随着时间推移，到 2010 年，秋拍市场成交最火爆、竞价最激烈的拍品是什么？就是中式古典家具。2010 年 11 月 20 日，一件清乾隆"黄花梨云龙纹大四件柜（一对）"在中国嘉德"秋光万华——清代宫廷艺术集粹"专场以 3976 万元人民币成交，创造了黄花梨家具拍卖新纪录。而这个纪录仅仅保持了一天，就在次日，一张明代黄花梨簇云纹马蹄腿六柱式架子床以 4312 万元再次刷新拍卖纪录。

此次中国嘉德推出的黄花梨家具专场拍卖，100% 成交，总成交额 2.59 亿元人民币。同时，国内其他拍卖公司古典家具拍卖也红红火火。特别是以黄花梨、紫檀为代表的硬木家具，因其资源极度匮乏且具有巨大的升值潜力，成为了继书画、瓷器和玉器之后的又一令人瞩目的收藏热点，业内人士用一句话概括古典家具拍卖："火的不得了"。

随着国民生活水平不断提高以及投资理念的转变，作为现代服务业的一个重要组成部分，中国古典家具拍卖必将迎来更加广阔的生存空间，面临更大的发展机遇。

二、明清古典家具拍卖最具升值空间

中国传统家具的精髓在于神，不在于形。形之千变万化，由战国及秦汉及晋唐及宋元及明清，脉络可理；由低向高是中国家具的发展态势，由简向繁是中国家具的演变。在中国古典家具中，无论是卧具、承具、坐具还是庋具，都可以撇开形式，向后人讲述它跨时空存在的意义及看不见的精神享受。

中国古典家具，尤其明清家具，设计理念深受传统文化的影响。一是秉承天人合一的思想，极为重视原木材质及其纹理的运用，产生了质地坚硬、色泽幽雅、肌理华美的自然之美，以及稳重大气、简洁流畅的态势之美；造型上大到整把圈椅，小到牙板、马蹄脚等寓意生动，充分表现出造物与自然之物的和谐。二是色彩厚重而不沉闷，华美而不艳俗，比例尺度严密，圆中有方、方中见圆的设计理念，体现出中国古代天圆地方的哲学思想。三是曲线与直线的对比，柔中带刚，虚实相生，灵动而沉着的设计理念充分显示出"顺应自然，崇尚节俭"的生活信条，"不以物喜，不以己悲"的处事原则和"抱朴守真，寂空无为"的价值取向。四是在家具上雕饰大量吉祥图案，满足了人们的精神需求。

收藏升值潜力高的古典家具，原材料很重要，越罕有价越高。其中紫檀木、黄花梨木、鸡翅木、铁力木并称中国古代四大名木。

古典家具中，首选紫檀，因其宫廷专用，民间极少见。产自印度的小叶紫檀，又称檀香紫檀，是目前所知最珍贵的木材，是紫檀木中最高级的一类。而常言十檀九空，最大的紫檀木直径仅为二十厘米左右，难出大料，其珍贵程度可想而知。同时受生产力交通运输原因，至清代，来源枯竭，这也是紫檀木为世人所珍视的一个重要原因。紫檀家具的特色是重装饰多雕工花纹，与明清时代的简约风格截然不同，特别受国内买家追捧。

黄花梨的稀有程度仅次于紫檀。黄花梨俗称"降香木"，红木国标定为香枝木类，木质坚硬，纹理漂亮，在木料、颜色及耐看性方面较高，是制作古典硬木家具的上乘材料。其树种降香黄檀虽易成活，但成材却需要上千年的生长期，所以早在明末清初，海南黄花梨木种就濒临灭绝。因此，留存至今的黄花梨家具十分珍贵。

从年代和造型风格来看，明清家具作为中国古典家具中的精华，成为拍场上众多藏家眼中青睐的珍宝。目前最具升值潜力的家具有三，其一是明代和清早期在文人指点下制作的明式家具，木质一般都是黄花梨；其二是清康雍乾时期由皇帝亲自监督，宫廷专造，挑选全国最好的工匠在紫禁城里制作的清代宫廷家具，木质一般是紫檀木；其三是如今市场趋热的红木家具，虽然不比

紫檀、黄花梨，但在审美情趣上较多体现了明清家具的遗韵，有着很大的收藏价值。这三类家具虽然市场价格很高，但从投资角度看，仍最具升值空间。以2012年春拍为例，明清古典家具以及宫廷御制珍品受到藏界的追捧。数场拍卖会成交不俗，上升之势明显。

三、古典家具拍卖虽经历短暂低迷，但前途大好

2012春季拍卖会，由于金融市场和房地产市场双双低迷，春拍的上拍量都有所减少、规模有所压缩。2012年冬，各个拍卖公司的秋季拍卖会接踵而至。不过近年来一路看涨的艺术品市场却突然唱出了"休止符"，不少艺术品的拍卖行情低迷。在中国嘉德的秋拍中，以"姚黄魏紫"命名的明清古典家具专场拍卖，集中了当今古典家具收藏的巅峰之作，120多件拍品数量空前。然而多件拍品出现流拍，其一、二两个专场成交率分别为34.04%与46.97%，总成交额仅为2.3亿元。

面对显出疲态的市场，质疑古典家具收藏市场行情的声音多了，也有人认为"秋拍季"就是艺术品投资的"拐点"。那么，艺术品收藏市场是否由热趋冷了呢？

实际上，艺术品投资收藏市场的资金周转速度慢，在短期内出现这么频繁和大规模的拍场安排，很容易使现有的市场容量趋于饱和。这导致两方面的结果：一方面水涨船高，古典家具的价位在屡次拍卖中节节攀升；另一方面，收藏者手

里已经有了一定藏品的积累，拥有了一些重量级的家具，这也使得他们在后面的拍卖中表现得更为谨慎。

古典家具市场的相对低迷，也正是短期内行情持续走高而需要调整适应的表现。艺术品市场专家认为，由于此前家具专场拍卖都比较成功，卖家纷纷要求把拍品估值调高，而这是违背拍卖业低估高卖的规律的，所以导致大面积流拍。

近几年来，随着经济发展和人们投资心态加重，古典家具市场新的买家不断涌现，急剧拉升市场行情。一方面，圈内玩家缺乏足够的资金去购买，因而更多地选择谨慎观望；另一方面，新玩家虽然资金相对充裕，但相对缺乏鉴别真伪的能力，在拍卖中往往表现出随大溜的跟风心理，在局势不明、大多观望的古典家具拍卖市场中，他们也往往受影响而犹疑不决。

家具拍卖行情低迷，是否表示目前的古典家具领域已经出现价格泡沫？

其实，如果与书画等其他艺术收藏品相比，古典家具还存在升值空间。从拍卖价格上说，书画拍卖过亿的情况屡见不鲜，但中国古典家具始终没有步入这一行列。

目前，中国古典家具受到海外收藏家的争相追捧及各大博物馆的收购珍藏。由于古典家具结合了最好的材质，如纹理瑰美的黄花梨和肃穆大方的紫檀；运用了最好的工艺，如其榫卯非常精巧，因此承载了深厚的中国古代建筑美学内涵。古典家具还有很大的实用和欣赏价值，布置在居室中，美观好看。更由于古典家具资源十分有限，经典的精品佳作稀缺难求。因此，其市场潜力还有待进一步挖掘。

即便在价格连续攀升而使买家普遍观望的市场行情中，精品家具还是能受到买家的欢迎而拍到理想的价格。以 2012 年春拍为例，此次拍卖虽然成交率低，但其中五件精品家具还是突破了千万元的价格而顺利成交，其中一件从恭王府流出的清宫御用家具"清乾隆紫檀雕西番莲庆寿纹宝座"，更以 5750 万元夺魁。

可见，社会对古典家具的购藏热情并没有消退。只要中国的宏观经济不发生大的波折和逆转，随其持续稳定的发展，未来古典家具投资收藏的需求必然增加，古典家具市场的容量和实力也将得到壮大。

目录

坐具

中国古代漆木家具
拍卖投资考成汇典
ZHONG GUO GU DAI QI MU JIA JU
PAI MAI TOU ZI KAO CHENG HUI DIAN

001

黑漆竹木圈椅（一对）

年　　代：17世纪

尺　　寸：高100.2厘米　长54.6厘米　宽43.8厘米

拍卖时间：纽约佳士得　1999年9月16日　重要的中国古代家具及工艺精品　第118号

估　　价：USD 4,000—6,000

002

雕漆龙纹秀墩

年　　代：民国

尺　　寸：高50厘米　直径30厘米

拍卖时间：天津国拍　2006年6月21日　瓷器玉器古董艺术品拍卖　第964号

估　　价：RMB 8,000—12,000

003

髹黑漆描金雕龙纹大宝座

年　　代：清康熙

尺　　寸：长104厘米　宽74厘米　高110厘米

拍卖时间：北纬拍卖　2009年11月22日　海外回流宫廷艺术精品专场/珠宝奢侈品精品专场　第55号

估　　价：估价待询

成 交 价：RMB 34,500,000

003

髹黑漆描金雕龙纹大宝座（侧面）

004

黑漆描金椅

年　　代：清

尺　　寸：长58厘米　高86厘米

拍卖时间：浙江佳宝　2010年6月6日　宫廷典藏家具拍卖专场　第40号

估　　价：RMB 40,000—60,000

成 交 价：RMB 47,040

005

宫廷大漆镶黄花梨靠背椅（一对）

年　　代：清

尺　　寸：长61厘米　宽48.5厘米　高100.5厘米

拍卖时间：浙江佳宝　2010年6月6日　宫廷典藏家具拍卖专场　第59号

估　　价：RMB 800,000—1,200,000

成 交 价：RMB 953,000

006

描金漆龙纹宝座

年　　代：清康熙—雍正

尺　　寸：高111厘米　长101厘米　宽80厘米

拍卖时间：北京保利　（5周年）2010年12月5日　宫廷艺术与重要瓷器工艺品　第4758号

估　　价：RMB 600,000—800,000

成 交 价：RMB 1,008,000

007

御用漆果木椅

年　　代：清
尺　　寸：高135厘米　宽141厘米
拍卖时间：1998年11月15日
估　　价：US 800,000—900,000

008

红漆描金海水龙纹宝座

年　　代：清
尺　　寸：长122厘米
拍卖时间：太平洋　2011年6月18日　珍·雅趣——重要杂项工艺品专场　第295号
估　　价：RMB 35,000
成 交 价：RMB 108,640

009

雕填漆云龙纹宝座

年　　代：清

尺　　寸：长106厘米　高112厘米

拍卖时间：太平洋　2011年12月17日　怀古论今——重要明清杂项及工艺品专场　第1061号

估　　价：RMB 35,000

010

榆木黑漆四出头官帽椅

年　　代：明末清初

尺　　寸：高117厘米　长60厘米　宽40厘米

拍卖时间：中国嘉德四季　2011年9月19日　承古容今——古典家具专场　第5932号

估　　价：无底价

成 交 价：RMB 6,900

011

朱漆彩绘描金五福庆寿宝座

年　　代：清乾隆
尺　　寸：高108.5厘米　长75厘米　宽53.5厘米
拍卖时间：香港佳士得　2011年11月30日　重要中国瓷器及工艺品精品（Ⅱ）　第3083号
估　　价：HKD 2,000,000—3,000,000

012

御制漆绘描金福寿纹雕灵芝扶手椅（一对）

年　　代：清乾隆

尺　　寸：高89厘米　长55厘米　宽45厘米

拍卖时间：香港佳士得　2011年11月30日　重要中国瓷器及工艺品精品（Ⅱ）　第3080号

估　　价：HKD 2,000,000—3,000,000

成 交 价：**HKD 1,940,000**

012
御制漆绘描金福寿纹雕灵芝扶手椅（一对）

013
御制黑漆描金松鹤山水纹搭脑扶手椅（一对）
年　　代：18世纪
尺　　寸：高97厘米　长61厘米　宽48.2厘米
拍卖时间：伦敦邦汉斯　2012年5月17日　中国艺术品　第161号
估　　价：GBP 30,000—40,000

卧具

中国古代漆木家具
拍卖投资考成汇典
ZHONG GUO GU DAI QI MU JIA JU
PAI MAI TOU ZI KAO CHENG HUI DIAN

001

002

001

御制剔红拐子纹围子罗汉床

年　　代：清18世纪

尺　　寸：长198.12厘米　高81.28厘米　深90.17厘米

拍卖时间：纽约苏富比　2011年9月14日

　　　　　中国瓷器艺术品专场　第193号

估　　价：USD 150,000—250,000

002

榆木黑漆禅床

年　　代：明末清初

尺　　寸：高52厘米　长100厘米　宽70厘米

拍卖时间：中国嘉德四季　2011年9月19日

　　　　　承古容今——古典家具专场　第5926号

估　　价：无底价

成 交 价：RMB 51,750

放置陈设

中国古代漆木家具
拍卖投资考成汇典

ZHONG GUO GU DAI QI MU JIA JU
PAI MAI TOU ZI KAO CHENG HUI DIAN

001

乾嘉雕漆十二花神方几

年　　代：清

尺　　寸：高47厘米

拍卖时间：中国嘉德　1994年11月9日　秋季拍卖会——瓷器玉器鼻烟壶工艺品专场　第814号

估　　价：RMB 50,000—60,000

002

竹漆木两屉桌

年　　代：18—19世纪

尺　　寸：高81.3厘米　宽90.3厘米　深46.5厘米

拍卖时间：纽约佳士得　1998年9月16日　精致典雅公寓·中国古典家具与艺术品　第68号

估　　价：USD 4,000—5,000

003

褐漆龙凤纹束腰三弯腿炕桌

年　　代：17世纪

尺　　寸：高42.5厘米　长170.2厘米　宽83.8厘米

拍卖时间：纽约苏富比　1999年3月23日　重要的中国古典家具专场　第25号

估　　价：USD 25,000—30,000

004
黑漆嵌螺钿牡丹诗文案
年　　代：明万历
尺　　寸：长58.3厘米　宽36.3厘米　高16.3厘米
拍卖时间：中国嘉德　1999年4月21日　瓷器、漆器、工艺品、家具　第1008号
估　　价：RMB 250,000—350,000

005

褐漆彩绘三弯腿带托泥五足香几

年　　代：清17世纪

尺　　寸：高87厘米　径55.9厘米

拍卖时间：纽约苏富比　1999年3月23日　重要的中国古典家具专场　第65号

估　　价：USD 15,000—20,000

006

黑漆描金花卉纹香几

年　　代：17—18世纪

尺　　寸：高62.2厘米　长47.6厘米　宽36.8厘米

拍卖时间：纽约佳士得　1999年9月16日　重要的中国古代家具及工艺精品　第122号

估　　价：USD 4,000—6,000

007

雕漆填彩开光花鸟长方几

年　　代：清初

尺　　寸：长51.6厘米　宽33厘米

拍卖时间：北京翰海　2004年6月28日　春季拍卖会——中国古董珍玩　第2069号

估　　价：RMB 160,000—250,000

成 交 价：RMB 165,000

008

剔红花卉纹四足台座

年　　代：清乾隆

尺　　寸：高10.7厘米

拍卖时间：北京荣宝　2007年12月9日　中国古董珍玩　第730号

估　　价：RMB 60,000—90,000

成 交 价：RMB 67,200

009
明式朱红漆供案
年　　代：清
尺　　寸：高87厘米　长117厘米　宽65厘米
拍卖时间：雍和嘉诚　2007年5月20日　中国古董珍玩　第1345号
估　　价：RMB 38,000—60,000

010
大漆明式佛供桌
年　　代：清
尺　　寸：长85厘米　宽49厘米　高88厘米
拍卖时间：雍和嘉诚　2007年5月20日　中国古董珍玩　第1337号
估　　价：RMB 35,000—50,000
成 交 价：**RMB 27,500**

011

黑漆嵌螺钿高士游园图小儿

年　　代：清

尺　　寸：长35厘米

拍卖时间：中国嘉德　2007年12月15日　四季拍卖玉器工艺品　第3539号

估　　价：RMB 20,000—30,000

成 交 价：RMB 22,400

012

漆嵌螺钿小桌

年　　代：清

尺　　寸：长50.5厘米

拍卖时间：中国嘉德　2007年12月15日　四季拍卖玉器工艺品　第3666号

估　　价：无底价

成 交 价：RMB 1,120

013

漆器嵌石供桌

年　　代：明

尺　　寸：长103.5厘米　宽60厘米　高88厘米

拍卖时间：浙江萧然——杭州翰承　2008年4月27日　春季拍卖会——家具杂项专场　第8号

估　　价：RMB 30,000—40,000

成 交 价：RMB 35,200

014

剔红云龙纹香几

年　　代：清中期

尺　　寸：高89厘米

拍卖时间：北京保利　2008年5月31日　春季拍卖会——文馨阁集珍　第2333号

估　　价：RMB 350,000—550,000

成 交 价：RMB 560,000

015

彩漆描金花卉梅花形小几

年　　代：清乾隆

尺　　寸：直径22厘米

拍卖时间：北京保利　2008年5月31日　春季拍卖会——文馨阁集珍　第2365号

估　　价：RMB 12,000—22,000

成 交 价：RMB 28,000

016

剔红填漆万寿无疆纹炕桌

年　　代：清中期

尺　　寸：长96.7厘米　宽58厘米　高37厘米

拍卖时间：永乐佳士得　2009年5月31日　明清工艺品　第378号

估　　价：RMB 650,000—850,000

017

漆嵌螺钿小香几

年　　代：清早期

尺　　寸：长48厘米　宽28厘米　高42.7厘米

拍卖时间：北京富彼　2008年12月10日　中国古代工艺品　第1329号

估　　价：RMB 30,000—50,000

成 交 价：RMB 33,600

018

漆雕山水人物倭角香几

年　　代：明

尺　　寸：长33厘米　宽33厘米　高40.5厘米

拍卖时间：北京富彼　2008年12月10日　中国古代工艺品　第1320号

估　　价：RMB 25,000—32,000

成 交 价：RMB 28,000

019
榆木红漆香儿
年　　代：清
尺　　寸：高84厘米　长58厘米　宽51厘米
拍卖时间：南京正大　2009年6月7日　春季明清古典家具专场　第250号
估　　价：RMB 6,000—10,000

020

黑漆描金云龙纹翘头案

年　　代：清中期

尺　　寸：宽35厘米　长104厘米　高86.5厘米

拍卖时间：北京翰海　2009年11月10日　十五周年庆典拍卖会——明清家具　第2818号

估　　价：RMB 150,000—200,000

021

黑漆嵌螺钿花卉炕桌

年　　代：清中期

尺　　寸：长91.5厘米　宽56.5厘米　高28.3厘米

拍卖时间：北京翰海　2009年11月10日　十五周年庆典拍卖会——明清家具　第2810号

估　　价：RMB 280,000—380,000

成 交 价：RMB 313,600

022

黑漆嵌螺钿方几

年　　代：清早期

尺　　寸：长38.5厘米　宽30.3厘米　高24.3厘米

拍卖时间：北京翰海　2009年11月10日　十五周年庆典拍卖会——明清家具　第2808号

估　　价：RMB 60,000—80,000

成 交 价：RMB 67,200

023
黑漆嵌螺钿炕几
年　　代：明
尺　　寸：长57厘米　宽36厘米　高18.6厘米
拍卖时间：西泠印社　2009年12月20日　文房清玩·古玩杂件专场　第1776号
估　　价：RMB 40,000—60,000
成 交 价：RMB 44,800

024

朱漆描金花鸟纹香几

年　　代：明

尺　　寸：长47厘米

拍卖时间：上海大众　2010年1月3日　第2届精品古董拍卖会　新海上雅集——海外回珍　第735号

估　　价：RMB 50,000

025
剔红雕花卉纹炕几
年　　代：明
尺　　寸：长111厘米
拍卖时间：上海大众　2010年1月3日　第2届精品古董拍卖会　新海上雅集——海外回珍　第737号
估　　价：RMB 50,000
成 交 价：RMB 134,400

026
彩漆花卉纹半桌（一对）
年　　代：清18世纪
尺　　寸：高81厘米　长124厘米　宽61厘米
拍卖时间：纽约苏富比　2010年3月23日　中国瓷器工艺品　第0161号
估　　价：USD 12,000—18,000

027

漆器霸王枨供桌

年　　代：清乾隆—道光　"卢荫溥敬书"（1760—1839）

尺　　寸：高82厘米　长101厘米　宽66.5厘米

拍卖时间：南京正大　2010年1月17日　春季明清古典家具专场　第30号

估　　价：RMB 650,000—950,000

成 交 价：RMB 858,800

027
漆器霸王枨供桌桌面图案（局部）

028

大漆香几

年　　代：清

尺　　寸：面径49厘米　高89厘米

拍卖时间：浙江佳宝　2010年6月6日　"长物江南"2010年春季宫廷典藏家具专场及瓷杂文玩拍卖会　第9号

估　　价：RMB 80,000—120,000

成 交 价：RMB 123,200

029
别犀如意纹茶几
年　　代：清
尺　　寸：长30厘米　宽15厘米　高7.3厘米
拍卖时间：西泠印社　2010年7月6日　文房清玩·古玩杂件专场　第2954号
估　　价：RMB 20,000—30,000
成 交 价：RMB 22,400

030

剔犀圆形香几

年　　代：明

尺　　寸：长41厘米

拍卖时间：北京保利　2010年12月6日　5周年秋季拍卖会　文华秋实——文馨阁海外回流集珍　第4947号

估　　价：RMB 50,000—80,000

成 交 价：RMB 56,000

031

黑漆嵌螺钿方几

年　　代：清早期

尺　　寸：高28厘米　长91厘米　宽56厘米

拍卖时间：北京保利　2010年12月6日　5周年秋季拍卖会　文华秋实——文馨阁海外回流集珍　第4950号

估　　价：RMB 120,000—150,000

成 交 价：RMB 179,200

032

黑漆嵌螺钿山水人物长方几

年　　代：清早期

尺　　寸：长137.8厘米

拍卖时间：北京保利　2010年12月6日　5周年秋季拍卖会　中国古董珍玩（一）　第5428号

估　　价：RMB 160,000—260,000

成 交 价：RMB 291,200

033

黑漆嵌螺钿仙人题诗小几

年　　代：清早期

尺　　寸：高10厘米　长37.5厘米　宽19.5厘米

拍卖时间：北京保利　2010年12月6日　5周年秋季拍卖会　中国古董珍玩（一）　第5423号

估　　价：RMB 25,000—55,000

成 交 价：RMB 28,000

034

剔犀如意纹长方几

年　　代：清早期

尺　　寸：长48厘米　宽26厘米　高9.2厘米

拍卖时间：北京翰海　2010年12月12日　秋季拍卖会——古董珍玩　第3294号

估　　价：RMB 25,000—35,000

成 交 价：**RMB 28,000**

035
黑漆描金人物花卉纹六足香几
拍卖时间：伦敦佳士得　2010年11月9日　中国古代玉器及工艺品　第119号
估　　价：EUR 4,000—6,000

036

黑漆描金山水纹桌椅一套

年　　代：清
尺　　寸：桌　长86厘米　宽86厘米　高82.5厘米
　　　　　椅　长58.5厘米　宽49厘米　高88.5厘米
拍卖时间：北京舍得　2010年12月16日　2010年秋季明清家具专场大型拍卖会　第0002号
估　　价：RMB 60,000—80,000

037

填漆祭桌

年　　代：清康熙

尺　　寸：高76.2厘米　长125.4厘米　宽54.3厘米

拍卖时间：伦敦佳士得　2011年5月10日　重要中国瓷器及工艺品　第195号

估　　价：GBP 80,000—120,000

成 交 价：**GBP 97,250**

038
黑漆描金龙凤纹香几（一对）
年　　代：清18世纪
尺　　寸：高93.4厘米
拍卖时间：伦敦佳士得　2011年5月10日　重要中国瓷器及工艺品　第200号
估　　价：GBP 30,000—50,000

039

剔红描漆填彩福寿双全炕桌

年　　代：清乾隆

尺　　寸：高37厘米　长97.3厘米　宽58.5厘米

拍卖时间：北京匡时　2011年6月8日　春季艺术品拍卖会　清代宫廷艺术品专场　第2424号

估　　价：RMB 600,000—800,000

成 交 价：RMB 805,000

040

大漆描金双拼圆桌

尺　　寸：高90厘米

拍卖时间：中国嘉德四季　2011年6月20日　佳器遗构——明清家具构件及古典家具专场　第5422号

估　　价：RMB 无底价

成 交 价：RMB 78,200

041

楠木黑漆香儿

年　　代：清

尺　　寸：高86厘米　长60厘米　宽55厘米

拍卖时间：中国嘉德四季　2011年9月19日　承古容今——古典家具专场　第5929号

估　　价：RMB 无底价

成 交 价：RMB 51,750

042

剔红漆器人物图炕桌

年　　代：清乾隆

尺　　寸：长53.6厘米

拍卖时间：香港邦汉斯　2011年11月28日　中国瓷器工艺品　第491号

估　　价：HKD 130,000—150,000

043

彩漆龙纹花鸟香几

年　　代：清

尺　　寸：高50厘米

拍卖时间：东京中央　2012年2月23日　古董珍藏　第1962号

估　　价：JPY 500,000—700,000

044

御制掐丝珐琅题字方桌

年　　代：清乾隆

尺　　寸：高45厘米　长83厘米　宽41厘米

拍卖时间：巴黎佳士得　2011年12月14日　亚洲艺术　第55号

估　　价：GBP 80,000—120,000

成 交 价：GBP 133,250

044
御制掐丝珐琅题字方桌（局部）

045

彩漆描龙纹山水香几

年　　代：清早期

尺　　寸：高92厘米　长70厘米　宽70厘米

拍卖时间：北京保利　2012年6月7日　中国古董珍玩　第8186号

估　　价：RMB 200,000—300,000

046
黑漆洒螺钿长方案
年　　代：清乾隆
尺　　寸：长87厘米　宽55厘米　高100厘米
拍卖时间：伦敦苏富比　2012年11月7日　重要中国瓷器及工艺品　第298号
估　　价：GBP 40,000—60,000
成 交 价：GBP 49,250

047

剔红雕凤穿牡丹纹长方几

年　　代：明

尺　　寸：长47.5厘米　宽32厘米　高15厘米

拍卖时间：上海大众　2012年8月4日　新海上雅集　2012年大型艺术品拍卖会——瓷、玉、工艺品专场　第732号

估　　价：RMB 220,000

成 交 价：RMB 253,000

贮藏

中国古代漆木家具
拍卖投资考成汇典

ZHONG GUO GU DAI QI MU JIA JU
PAI MAI TOU ZI KAO CHENG HUI DIAN

001

剔红雕漆多宝格

年　　代：清

尺　　寸：长19.5厘米　宽36.5厘米

拍卖时间：北京诚铭　2007年11月18日　秋季拍卖会——文房杂项专场　第730号

估　　价：RMB 80,000—120,000

002

朱红漆戗金凤凰牡丹纹大箱

年　　代：明万历　"大明万历壬辰年制"款

尺　　寸：长96厘米　宽55厘米　高55厘米

拍卖时间：北京保利　2012年12月7日　中国古董珍玩　第7562号

估　　价：RMB 500,000—800,000

成 交 价：RMB 575,000

003

红漆文具柜

年　　代：民国

尺　　寸：长41厘米

拍卖时间：中国嘉德　2007年12月15日　四季拍卖玉器、工艺品　第3593号

估　　价：无底价

成 交 价：RMB 22,400

004

漆木橱

年　　代：清

尺　　寸：高203厘米　长160.5厘米　宽64厘米

拍卖时间：巴黎苏富比　2012年6月13日　第112号

估　　价：GBP 8,000—12,000

005

剔红人物双门顶箱小柜（一对）

年　　代：清乾隆

尺　　寸：高63.5厘米　长37厘米　宽17厘米

拍卖时间：中贸圣佳　2008年6月7日　春季艺术品拍卖会——中国古董珍玩专场　第90号

估　　价：RMB 800,000—1,200,000

成 交 价：RMB 918,400

006

剔红龙纹小多宝格

年　　代：清乾隆
尺　　寸：长47厘米　宽17厘米　高58厘米
拍卖时间：中国嘉德　2009年11月21日　泽古怡情——清代宫廷艺粹　第2122号
估　　价：RMB 800,000—1,200,000
成 交 价：**RMB 896,000**

007

黑漆博古架

年　　代：明

尺　　寸：高47.5厘米

拍卖时间：北京保利　2009年11月24日　"长春阁名物志"——日本川崎家旧藏　第3280号

估　　价：RMB 60,000—80,000

成 交 价：RMB 67,200

008

黑漆描金山水人物小柜

年　　代：清

尺　　寸：高45厘米

拍卖时间：北京歌德　2009年11月22日　秋季艺术品拍卖会——文房清供　第1255号

估　　价：RMB 16,000—20,000

成 交 价：RMB 28,000

009

御制漆金彩绘紫檀木柜（一对）

年　　代：清乾隆晚期

尺　　寸：高36.5厘米　长39厘米　宽28厘米

拍卖时间：伦敦佳士得　2010年11月9日　中国古代玉器及工艺品　第0198号

估　　价：GBP 300,000—500,000

成 交 价：GBP 881,250

009
御制漆金彩绘紫檀木柜（一对）

010

黑漆描金文房书架

年　　代：清

尺　　寸：长34.5厘米　宽57.3厘米　高71.8厘米

拍卖时间：西泠印社　2009年12月20日　文房清玩·古玩杂件专场　第1785号

估　　价：RMB 38,000—45,000

成 交 价：RMB 42,560

011

剔红文会图四门柜

年　　代：清乾隆

尺　　寸：宽35.3厘米　高52.5厘米

拍卖时间：北京长风　2011年1月20日　精工细琢——文玩工艺品专场　第842号

估　　价：RMB 200,000—280,000

成 交 价：RMB 392,000

012

戗金彩漆龙凤纹官皮箱（款识"大明万历丙辰年制"）

年　　代：明万历
尺　　寸：高32厘米
拍卖时间：北京长风　2011年1月20日　精工细琢——文玩工艺品专场　第843号
估　　价：RMB 120,000—200,000
成 交 价：RMB 448,000

013
红漆描金龙纹柜
年　　代：16—17世纪
尺　　寸：不详
拍卖时间：德国纳高　2011年5月6日　第21号
估价不详

014

御制漆描金缠枝花卉纹四件柜（一对）

年　　代：明 17世纪

尺　　寸：高236.4厘米　长190厘米　宽55.9厘米

拍卖时间：伦敦佳士得　2011年5月10日　重要中国瓷器及工艺品　第206号

估　　价：GBP 300,000—500,000

成 交 价：GBP 361,250

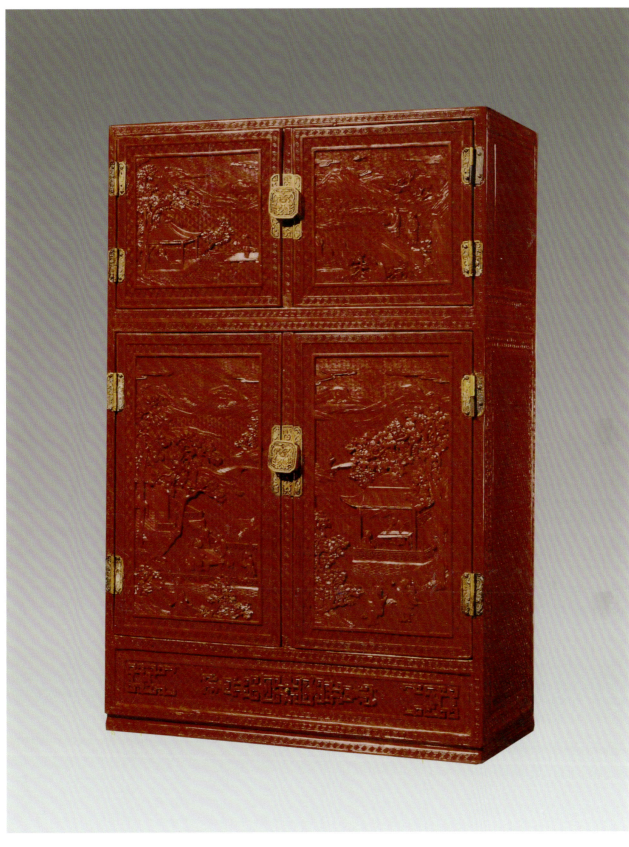

015
御制剔红雕漆庭园高士图立柜

年　　代：清乾隆
尺　　寸：高52.4厘米
拍卖时间：2005年5月2日
估　　价：HKD 400,000—600,000

016

大漆雕花佛柜

年　　代：明初

尺　　寸：高163厘米　长157厘米　宽65厘米

拍卖时间：中国嘉德四季　2011年6月20日　佳器遗构——明清家具构件及古典家具专场　第5413号

估　　价：无底价

成 交 价：RMB 23,000

017

大漆雕花佛柜

年　　代：明早期

尺　　寸：高162厘米　长163厘米　宽65.5厘米

拍卖时间：中国嘉德四季　2011年6月20日　佳器遗构——明清家具构件及古典家具专场　第5415号

估　　价：无底价

成 交 价：RMB 28,750

018

大漆透雕寿字纹圆角柜

年　　代：清

尺　　寸：高179.5厘米　长97厘米　宽65厘米

拍卖时间：中国嘉德四季　2011年6月20日　佳器遗构——明清家具构件及古典家具专场　第5416号

估　　价：无底价

成 交 价：RMB 23,000

019

黑漆嵌螺钿凤凰牡丹纹顶箱立柜

年　　代：明

尺　　寸：高156.2厘米　长94厘米　宽63.5厘米

拍卖时间：纽约佳士得　2012年3月22日　御案清玩——普孟斐珍藏选粹　第1338号

估　　价：USD 35,000—45,000

020

黑漆嵌山水人物炕柜

年　　代：清18世纪

尺　　寸：高130.3厘米　长111.8厘米　宽49.4厘米

拍卖时间：巴黎佳士得　2011年12月14日　亚洲艺术　第121号

估　　价：EUR 10,000—15,000

021

黑漆百宝嵌花鸟圆角柜

年　　代：明末清初

尺　　寸：高242厘米　长126厘米　宽42厘米

拍卖时间：香港邦汉斯　2011年11月28日　中国瓷器工艺品　第489号

估　　价：HKD 3,000,000—5,000,000

022
髹漆描金嵌宝石《庭院仕女婴戏图》立柜（一对）

年　　代：清19世纪
尺　　寸：高157.4厘米　长97.4厘米　宽41厘米
拍卖时间：伦敦苏富比　2012年5月16日　中国重要家具及工艺品　第337号
估　　价：GBP 8,000—12,000

023
黑漆描金龙纹顶箱大柜
年　　代：清康熙
尺　　寸：高238厘米　宽114厘米　深53厘米
拍卖时间：伦敦苏富比　1998年10月28口　中国家具与艺术品　第338号
估　　价：RMB 20,000—22,000

024

御制戗金填漆花鸟纹立柜

年　　代：清康熙

尺　　寸：高45.5厘米　宽31厘米　深59厘米

拍卖时间：香港佳士得　2012年5月30日　重要的中国瓷器和工艺品专场　第4086号

估　　价：HKD 900,000—1,200,000

025

宫廷御用湘妃竹黑漆描金山水花卉纹博古格

年　　代：清雍正

尺　　寸：长90厘米　宽28厘米　高85厘米

拍卖时间：上海大众　2012年8月4日　新海上雅集　2012年大型艺术品拍卖会——皇室长物　第461号

估　　计：RMB 2,200,000

026
剔红龙凤呈祥纹袖珍型上箱下柜

年　　代：清18—19世纪

尺　　寸：高63.5厘米

拍卖时间：纽约佳士得　2012年9月14日　中国重要瓷器及工艺品（二）　第1300号

估　　价：USD 15,000—20,000

成 交 价：USD 18,750

027
黑漆软木圆角炕柜
年　　代：清初
尺　　寸：高84.7厘米　宽64.7厘米　深28.6厘米
拍卖时间：香港佳士得　2012年11月28日　精凝简练——美国私人收藏家珍藏中国家具　第2034号
估　　价：HKD 240,000—400,000
成 交 价：HKD 250,000

028

黑漆嵌螺钿花蝶亮格柜

年　　代：明晚期

尺　　寸：高160厘米　长83厘米　宽51厘米

拍卖时间：北京保利　2012年12月5日　大明·格古　第5590号

估　　价：RMB 220,000—320,000

成 交 价：RMB 1,150,000

屏蔽

中国古代漆木家具
拍卖投资考成汇典
ZHONG GUO GU DAI QI MU JIA JU
PAI MAI TOU ZI KAO CHENG HUI DIAN

001
大漆双面雕书画合璧屏风（十二扇）
年　　代：清乾隆
尺　　寸：高280厘米　宽40厘米（单扇）
拍卖时间：2000年11月5日
估　　价：RMB 32,000—35,000

001

大漆双面雕书画合璧屏风（背面）

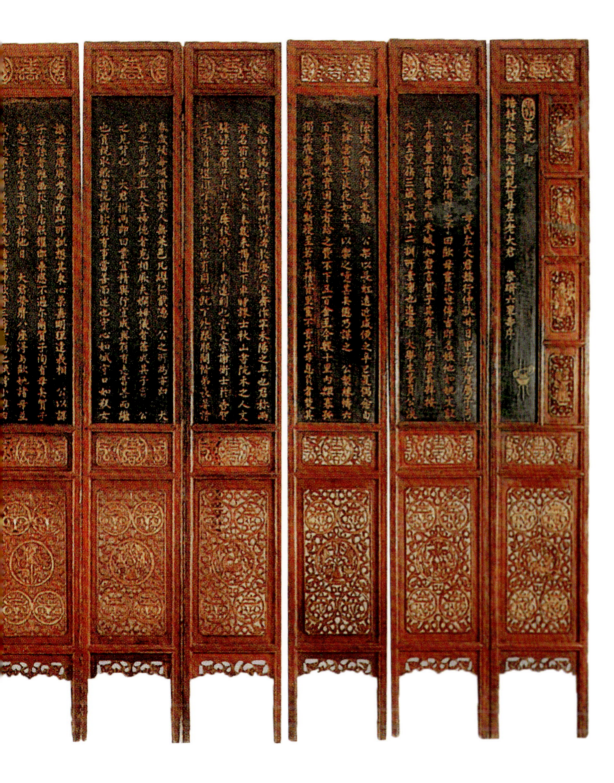

002

原漆明式曲屏

年　　代：清

尺　　寸：高191厘米　宽43厘米

拍卖时间：1997年10月13日

估　　价：HKD 20,000—22,500

003
雕漆嵌松花江石御题挂屏
年　　代：清乾隆
尺　　寸：长122厘米　宽86厘米
拍卖时间：北京翰海　2009年11月11日　十五周年庆典拍卖会——清代宫廷御用　第3305号
估　　价：RMB 6,000,000—8,000,000
成 交 价：RMB 8,400,000

004

剔红月下仕女图挂屏

年　　代：清道光

尺　　寸：高60.3厘米　宽46.4厘米

拍卖时间：纽约佳士得　2012年9月14日　中国重要瓷器及工艺品（二）　第1301号

估　　价：USD 20,000—30,000

005

剔红群仙祝寿图插屏

年　　代：明晚期

尺　　寸：长58.2厘米　宽45.2厘米　通高64.4厘米

拍卖时间：北京诚轩　2007年5月10日　瓷器工艺品专场　第169号

估　　价：RMB 200,000—250,000

成 交 价：RMB 220,000

005
剔红群仙祝寿图插屏（背面）

006

漆雕西园雅集图大插屏

年　　代：清

尺　　寸：长62厘米　宽60厘米

拍卖时间：北京富彼　2008年12月10日　中国古代工艺品　第1319号

估　　价：RMB 80,000—120,000

成 交 价：RMB 123,200

一一一

007
嵌五彩螺钿人物纹插屏
年　　代：明末
尺　　寸：长15厘米　宽16.5厘米
拍卖时间：北京富彼　2008年12月10日　中国古代工艺品　第1325号
估　　价：RMB 18,000—25,000
成 交 价：RMB 20,160

008
剔彩花开富贵座屏（一对）
年　　代：清
尺　　寸：高94厘米
拍卖时间：北京万隆　2009年5月31日　中国古董珍玩专场　第163号
起 拍 价：RMB 60,000
成 交 价：**RMB 88,000**

009

大漆博古纹座屏

年　　代：清

尺　　寸：高111厘米　宽64厘米

拍卖时间：南京正大　2009年6月7日　春季明清古典家具专场　第52号

估　　价：RMB 18,000—30,000

成 交 价：**RMB 19,800**

010

红漆山水屏风

年　　代：18—19世纪

尺　　寸：长61.8厘米　宽64厘米

拍卖时间：伦敦邦汉斯　2009年11月5日　精美亚洲艺术品专场　第294号

估　　价：GBP 15,000—20,000

011
剔红百宝嵌婴戏图挂屏
年　　代：清
尺　　寸：长114厘米　宽61.7厘米
拍卖时间：北京翰海　2009年11月10日　十五周年庆典拍卖会——明清家具　第2835号
估　　价：RMB 200,000—300,000
成 交 价：RMB 537,600

012
黑漆嵌螺钿人物诗文砚屏
年　　代：明
尺　　寸：高52厘米
拍卖时间：北京保利　2009年11月24日　"长春阁名物志"——日本川崎家旧藏　第3283号
估　　价：RMB 50,000—80,000
成 交 价：RMB 56,000

012
黑漆嵌螺钿人物诗文砚屏（背面）

013

嵌百宝剔红六条屏

年　　代：清末

尺　　寸：长243厘米　宽182厘米

拍卖时间：西泠印社　2009年12月20日　文房清玩·古玩杂件专场　第1791号

估　　价：RMB 120,000—200,000

成 交 价：RMB 672,000

014

御制剔红雕漆"兰亭序"图挂屏

年　　代：清乾隆

尺　　寸：高113厘米　宽77厘米

拍卖时间：北京匡时　2009年12月15日　宫廷艺术品专场　第1016号

估　　价：RMB 4,500,000—5,500,000

成 交 价：RMB 5,040,000

015
康熙漆器插屏
年　　代：清康熙　"康熙御笔"
尺　　寸：高64.5厘米　长63厘米　宽28.5厘米
拍卖时间：南京正大　2010年1月17日　春季明清古典家具专场　第29号
估　　价：RMB 490,000—790,000
成 交 价：RMB 664,440

016

黑漆嵌百宝挂屏（一对）

年　　代：清

尺　　寸：高109.5厘米

拍卖时间：北京保利（第十期精品）　2010年3月20日　工艺品　第1855号

估　　价：无底价

成 交 价：RMB 84,000

017

漆地嵌玉石山水人物大挂屏

年　　代：清18—19世纪

尺　　寸：高130厘米　长180厘米　宽19.7厘米

拍卖时间：纽约苏富比　2010年3月23日　中国瓷器及工艺精品　第0160号

估　　价：USD 80,000—120,000

018

雕漆嵌掐丝珐琅龙舟竞渡图插屏

年　　代：清中期

尺　　寸：长127厘米　宽89.5厘米

拍卖时间：中国嘉德　2010年5月16日　金错花锈——宫廷陈设掐丝珐琅　第2481号

估　　价：RMB 1,800,000—2,500,000

成 交 价：RMB 1,792,000

019

漆嵌花梨木福寿百子挂屏

年　　代：清中期

尺　　寸：长94厘米　宽62厘米

拍卖时间：北京翰海　2010年6月7日　春季拍卖会——古董珍玩　第2970号

估　　计：RMB 800,000—1,000,000

成 交 价：RMB 896,000

020

剔红山水人物八扇大屏

年　　代：清

尺　　寸：高212厘米　宽50.5厘米

拍卖时间：1993年3月22日

估　　价：HKD 250,000—300,000

021

剔红八仙祝寿挂屏

年　　代：清乾隆

尺　　寸：长128.6厘米　宽67.8厘米

拍卖时间：北京翰海　2006年12月18日　秋季拍卖会——古董珍玩　第2279号

估　　计：RMB 2,200,000—2,500,000

成 交 价：**RMB 2,530,000**

022
百宝嵌挂屏
年　　代：清康熙
尺　　寸：长96厘米　宽59.5厘米
拍卖时间：北京翰海　2010年6月7日　春季拍卖会——古董珍玩　第2972号
估　　计：RMB 800,000—1,200,000
成 交 价：**RMB 1,568,000**

023

漆地嵌百宝博古图诗文挂屏（一对）

年　　代：清

尺　　寸：长66厘米　高102厘米

拍卖时间：中国嘉德　2010年6月19—20日　四季第22期拍卖会——玉器、家具、工艺品　第4399号

估　　价：RMB 380,000—580,000

成 交 价：RMB 425,600

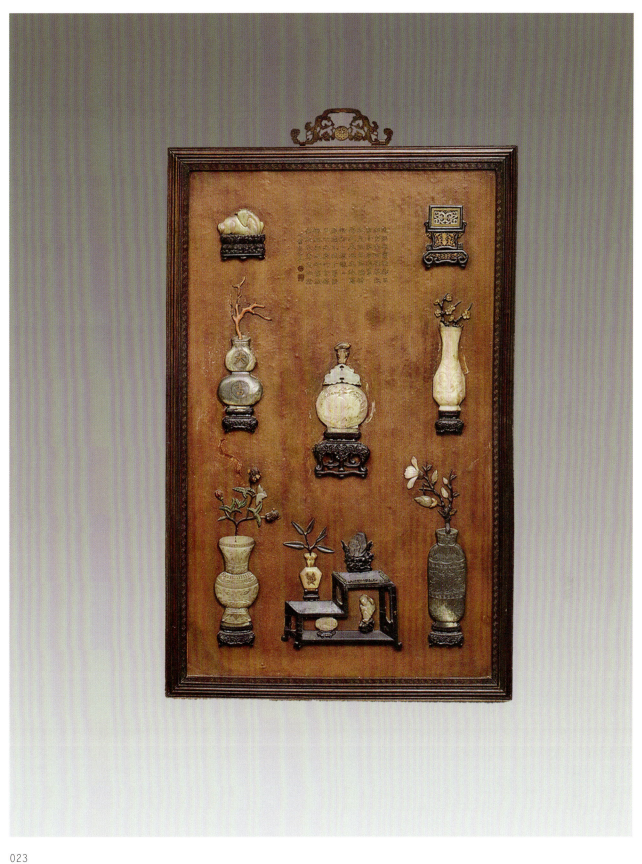

023
漆地嵌百宝博古图诗文挂屏（一对）

024
晋作明式黑漆绿石插屏
年　　代：清乾隆
尺　　寸：高68厘米
拍卖时间：中国嘉德　2010年11月21日　瞻麓斋旧藏——嘉怡珍赏　第2250号
估　　价：RMB 150,000—200,000
成 交 价：RMB 168,000

025

雕漆嵌百宝"大吉"挂屏

年　　代：清乾隆

尺　　寸：高126厘米

拍卖时间：北京匡时　2010年12月4日　五周年秋季艺术品拍卖会——清代宫廷艺术品专场　第93号

估　　价：RMB 300,000—500,000

成 交 价：RMB 1,680,000

026
漆描金人物故事小屏风
年　　代：清
尺　　寸：高125厘米
拍卖时间：北京匡时　2010年12月4日　五周年秋季艺术品拍卖会——瓷玉工艺品专场　第379号
估　　价：RMB 180,000—220,000
成 交 价：RMB 246,400

027
漆地嵌百宝御题诗文挂屏
年　　代：清乾隆
尺　　寸：高74厘米　长112厘米
拍卖时间：北京匡时　2010年12月4日　五周年秋季艺术品拍卖会——清代宫廷艺术品专场　第101号
估　　价：RMB 1,500,000—1,800,000
成 交 价：RMB 1,792,000

028

黑漆嵌螺钿群仙祝寿大座屏

年　　代：清早期

尺　　寸：高105厘米

拍卖时间：北京保利　2010年12月6日　5周年秋季拍卖会 中国古董珍玩（一）　第5424号

估　　价：RMB 200,000—300,000

成 交 价：RMB 246,400

029

黑漆百宝嵌山水人物屏风

年　　代：清

尺　　寸：高232.5厘米　长59厘米　厚6厘米

拍卖时间：南京正大　2010年12月12日　秋季宫廷御制古典家具专场　第28号

估　　价：RMB 860,000—1,860,000

成 交 价：RMB 1,904,000

030

红漆百宝嵌人物纹围屏

年　　代：清18世纪

尺　　寸：高155.3厘米　长45.5厘米

拍卖时间：巴黎佳士得　2010年12月15日　中国古董工艺品　第49号

估　　价：EUR 8,000—12,000

御製詩
葉繁疊翠為正碧
花蔘琥珀是真黃
西鳳八月稱陽句
常裘仙莊港靈元

031
大漆镶博古挂屏（御制诗）
年　　代：清
尺　　寸：长146厘米　宽101.5厘米　高4厘米
拍卖时间：北京舍得　2010年12月16日　中国明清家具专场拍卖会　第108号
估　　价：RMB 300,000—320,000

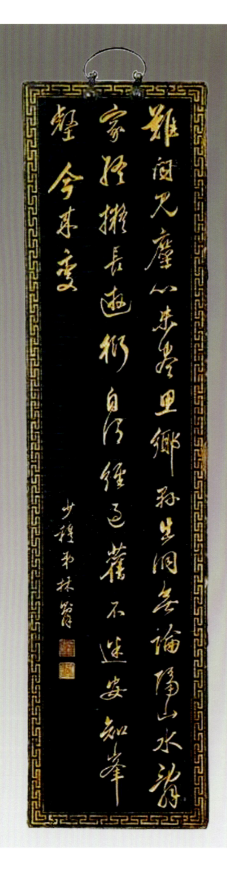

032
大漆描金牌匾（四屏）
年　　代：清
尺　　寸：长139厘米　宽36厘米　高3厘米
拍卖时间：北京舍得　2010年12月16日　中国明清家具专场拍卖会　第111号
估　　价：RMB 100,000—120,000

渔舟逐水爱山春，两岸桃花夹去津。坐看红树不知远，行尽青溪不见人。山口潜行始隈隩，山开旷望旋平陆。遥看一处攒红树，近入千家

散花竹樵客初传汉姓名，居人未改秦衣服。居人共住武陵源，还从物外起田园。月明松下房栊静，日出云中鸡犬喧。惊闻俗客争来集

033

漆地百宝镶挂屏

年　　代：清

尺　　寸：长70厘米　宽44.7厘米

拍卖时间：福建省拍卖行　2010年12月26日　闲情偶寄——古董珍玩专场　第542号

估　　价：RMB 30,000—50,000

成 交 价：RMB 42,560

034

漆地百宝镶挂屏

年　　代：清

尺　　寸：长65厘米　宽44厘米

拍卖时间：福建省拍卖行　2010年12月26日　闲情偶寄——古董珍玩专场　第543号

估　　价：RMB 30,000—50,000

成 交 价：RMB 33,600

035

漆地百宝镶挂屏

年　　代：清

尺　　寸：长86厘米　宽65厘米

拍卖时间：福建省拍卖行　2010年12月26日　闲情偶寄——古董珍玩专场　第544号

估　　价：RMB 30,000—50,000

成 交 价：RMB 33,600

036

漆地百宝嵌御题诗玉堂绶带挂屏二件套

年　　代：清

尺　　寸：长128厘米　宽27厘米；长132厘米　宽75.5厘米

拍卖时间：福建省拍卖行　2010年12月26日　闲情偶寄——古董珍玩专场　第545号

估　　价：RMB 70,000—100,000

成 交 价：RMB 392,000

037

黑漆彩绘庭苑人物围屏（八堂）

年　　代：清康熙

尺　　寸：高204厘米　宽38.5厘米（单扇）

拍卖时间：巴黎苏富比　2011年6月9日　Arts d'Asie　第116号

估　　价：EUR 70,000—90,000

037
黑漆彩绘庭苑人物围屏（八堂）（背面）

一五二

038
黑漆描金嵌百宝立屏（六扇）

年　　代：清

尺　　寸：高183厘米　宽40.5厘米　厚6厘米

拍卖时间：南京正大　2011年4月23日　春季明清古典家具专场　第122号

估　　价：RMB 668,000—868,000

成 交 价：RMB 748,160

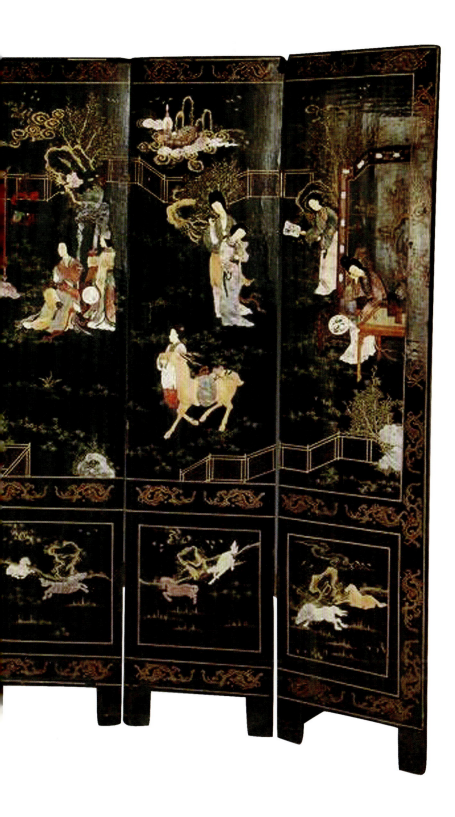

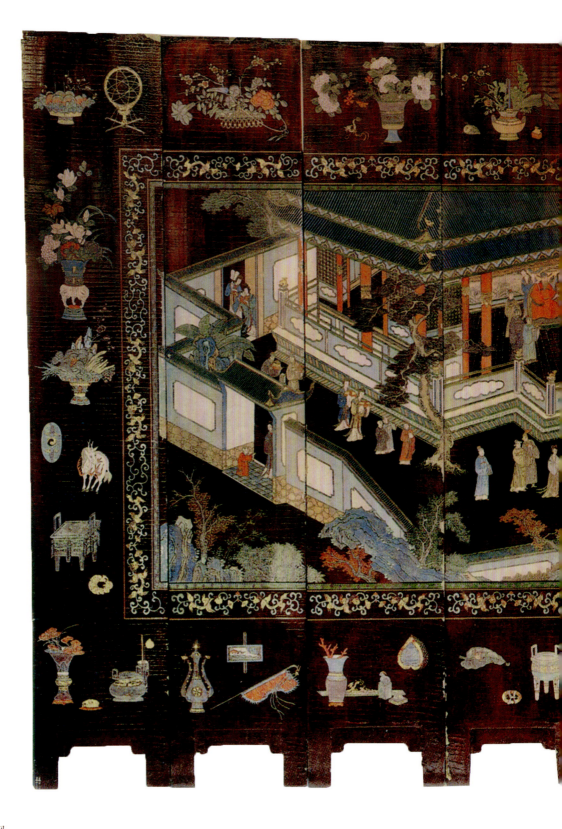

039

通景庭院博古黑漆款彩屏风

年　　代：清康熙

尺　　寸：高124厘米　宽40.6厘米（单扇）

拍卖时间：2000年10月31日

估　　价：HKD 350,000—450,000

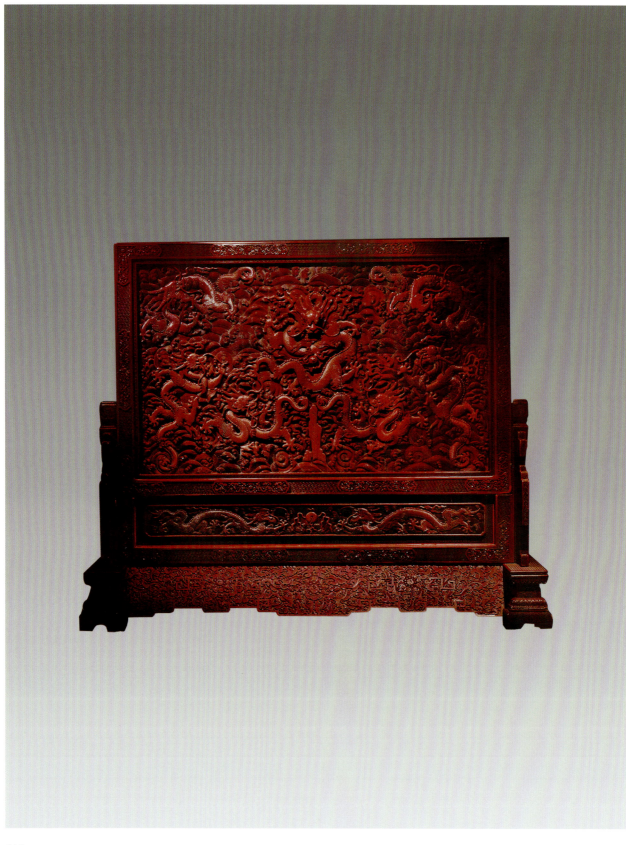

040

御制剔红雕漆嵌白玉御制诗水波纹九龙图插屏

年　　代：清乾隆

尺　　寸：长117.5厘米　宽95厘米

拍卖时间：北京保利　2011年6月5日　"有感于斯文"——宫廷逸趣与诗、书、画、印　第7211号

估　　价：RMB 12,000,000—22,000,000

成 交 价：RMB 14,950,000

040
御制剔红雕漆嵌白玉御制诗水波纹九龙图插屏（背面）

041

御制剔红"群仙祝寿"图座屏（一对）

年　　代：清18—19世纪

尺　　寸：高235厘米　宽122厘米

拍卖时间：北京匡时　2010年6月6日　清代宫廷艺术品专场　第1176号

估　　价：RMB 10,000,000—12,000,000

成 交 价：RMB 22,400,000

042

大漆嵌百宝博古图挂屏（一对）

年　　代：清

尺　　寸：长101厘米

拍卖时间：太平洋　2011年6月18日　珍·雅趣——重要杂项工艺品专场　第293号

估　　价：RMB 30,000

成 交 价：RMB 33,600

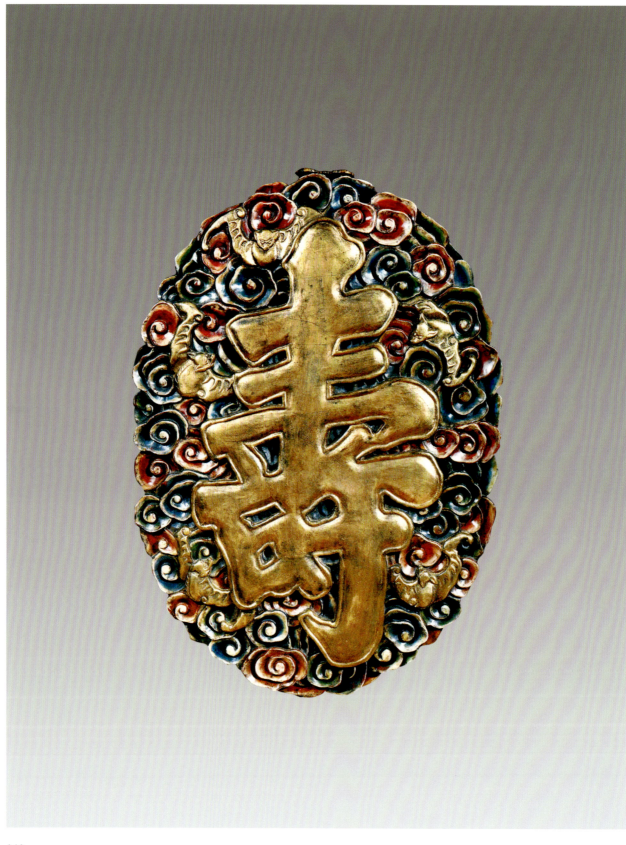

043

木雕漆金云蝠纹寿字挂屏

年　　代：清

尺　　寸：高92厘米

拍卖时间：太平洋　2011年6月18日　珍·雅趣——重要杂项工艺品专场　第296号

估　　价：RMB 8,000

成 交 价：RMB 108,640

044

剔红山水人物座屏

年　　代：清乾隆

尺　　寸：高54厘米

拍卖时间：太平洋　2011年9月17日　金秋艺术品拍卖会——瓷器、杂项、工艺品　第1067号

估　　价：RMB 150,000

045
红木架漆地嵌玉石花果纹座屏
年　　代：清
尺　　寸：高116厘米　宽103.5厘米
拍卖时间：1999年11月1日
估　　价：HKD 120,000—150,000

046
红漆砂博古山水小砚屏
年　　代：清早期
尺　　寸：高20.5厘米
拍卖时间：北京保利　2013年3月19日（第十期精品）　暖日春烟——瓷玉雅玩专场　第245号
估　　价：RMB 100,000—150,000
成 交 价：RMB 123,200

047
褐漆彩绘广州全景八扇屏风

年　　代：清康熙

尺　　寸：高193厘米

拍卖时间：香港邦汉斯　2011年11月28日　中国瓷器工艺品　第488号

估　　价：HKD 500,000—1,000,000

048
黑漆嵌八宝小插屏
年　　代：清
尺　　寸：长21厘米　高40厘米
拍卖时间：浙江佳宝　2011年12月28日　长物江南——私人珍藏专场　第92号
估　　价：RMB 10,000—20,000

049
黑漆地嵌象牙象骨花鸟座屏（一对）
年　　代：清"臣邹一桂恭绘"楷书刻款
尺　　寸：高142厘米
拍卖时间：北京保利　2011年12月7日　美国内华达州REGIS艺廊藏中西艺术品　第5331号
估　　价：RMB 300,000—500,000

049
黑漆地嵌象牙象骨花鸟座屏（一对）

050

大漆描金福寿图砚屏

年　　代：清

尺　　寸：长16厘米　高24厘米

拍卖时间：浙江佳宝　2011年12月28日　长物江南——私人珍藏专场　第96号

估　　价：RMB 10,000—20,000

成 交 价：RMB 11,200

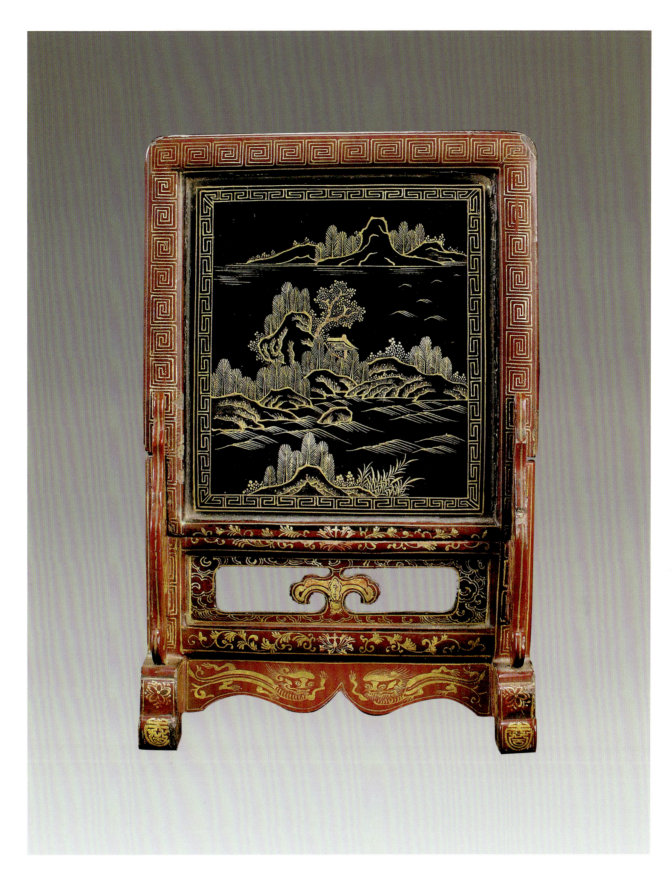

050
大漆描金福寿图砚屏（背面）

051
葡萄花卉彩漆笔屏
年　　代：明
尺　　寸：长14厘米　宽8.4厘米　高16.2厘米
拍卖时间：中国嘉德　2012年5月12日　春季拍卖会——蒿松阁文房宝玩　第2556号
估　　价：RMB 800,000—1,200,000
成 交 价：RMB 1,955,000

052
褐漆嵌百宝人物故事图插屏
年　　代：19世纪
尺　　寸：高109厘米
拍卖时间：伦敦邦汉斯　2012年5月17日　中国艺术品　第174号
估　　价：GBP 6,000—10,000

053

彩石圆座屏

年　　代：清

尺　　寸：高52厘米　宽41厘米

拍卖时间：1999年10月27日

估　　价：RMB 4,000-6,000

054

清 漆嵌竹刻四条屏

年　　代：清

尺　　寸：高124cm

拍卖时间：2001年6月27日

估　　价：RMB 25,000

055

彩漆 "胡人进贡" 图十二扇屏风

年　　代：清康熙

尺　　寸：高280.8厘米　长550厘米

拍卖时间：伦敦苏富比　2012年9月7日　重要中国家具及工艺品　第303号

估　　价：GBP 100,000—150,000

056
剔红婴戏图挂屏（一对）

年　　代：清
尺　　寸：高113厘米　宽77.5厘米
拍卖时间：2004年11月1日
估　　价：HKD 1,200,000—1,500,000

056
剔红婴戏图挂屏（一对）

057

彩漆描金花鸟图四扇屏风

年　　代：清18世纪

尺　　寸：高290厘米　长224厘米

拍卖时间：伦敦苏富比　2012年9月7日　重要中国家具及工艺品　第450号

估　　价：GBP 20,000—30,000

成 交 价：**GBP 25,000**

058
漆地嵌碧玉竹石图挂屏（一对）
年　　代：清乾隆
尺　　寸：高120.5厘米　长27厘米
拍卖时间：北京匡时　2012年12月5日　"坤宁清漪"——官造珍玩专场　第1978号
估　　价：RMB 400,000—450,000
成 交 价：RMB 575,000

059
黑漆描金彩绘郭子仪祝寿大座屏
年　　代：清
尺　　寸：高282厘米　长385厘米
拍卖时间：北京保利　2012年6月7日　中国古董珍玩日场　第8187号
估　　价：RMB 350,000—550,000
成 交 价：RMB 402,500

060
漆地嵌百宝西王母祝寿图硬木挂屏
年　　代：清中期
尺　　寸：高112厘米　长67.5厘米
拍卖时间：北京匡时　2012年12月5日　"坤宁清漪"——官造珍玩专场　第1980号
估　　价：RMB 220,000—250,000
成 交 价：RMB 287,500

一八二

061
紫檀框嵌牙玉石景泰蓝剔漆福寿纹御制题诗挂屏 "已亥春帖子词御笔" 款
年　　代：清乾隆
尺　　寸：高108厘米　宽71.5厘米
拍卖时间：2001年5月1日
估　　价：HKD 200,000—300,000

062
清乾隆 雕漆 "封神演义" 图挂屏（一对）
年　　代：清康熙
尺　　寸：高112.5厘米　宽75.3厘米
拍卖时间：2001年4月30日
估　　价：HKD 700,000—900,000

063
明嘉靖 镶雕漆龙纹挂屏 "大明嘉靖年制" 楷书款
年　　代：明嘉靖
尺　　寸：高36厘米
拍卖时间：1997年12月20日
估　　价：RMB 28,000—40,000

064
大漆嵌青花瓷诗文对联
年　　代：清中期
尺　　寸：高215厘米　宽27厘米
拍卖时间：2000年11月6日
估　　价：RMB 10,000—20,000
成 交 价：RMB 22,000

065

剔红百宝嵌婴戏图挂屏

年　　代：清

尺　　寸：高114厘米　宽61.7厘米

拍卖时间：北京瀚海　2009年11月10日　十五周年庆典拍卖会　第2037号

估　　价：RMB 200,000—300,000

成 交 价：RMB 537,600

文房及其他

中国古代漆木家具
拍卖投资考成汇典
ZHONG GUO GU DAI QI MU JIA JU
PAI MAI TOU ZI KAO CHENG HUI DIAN

001

剔红牡丹纹香盒

年　　代：明初

尺　　寸：直径8.3厘米

拍卖时间：中国嘉德　1999年4月21日　瓷器、漆器、工艺品、家具　第162号

估　　价：RMB 120,000—160,000

002

剔红菊花纹圆盒

年　　代：明宣德

尺　　寸：直径12.2厘米

拍卖时间：中国嘉德　1999年4月21日　瓷器、漆器、工艺品、家具　第163号

估　　价：RMB 350,000—450,000

成 交 价：RMB 385,000

003

黑漆金彩牡丹寿字纹盖碗

年　　代：清中期

尺　　寸：直径18厘米

拍卖时间：中国嘉德　1999年4月21日　瓷器、漆器、工艺品、家具　第173号

估　　价：RMB 25,000—35,000

成 交 价：RMB 27,500

004
识文描金嵌玉内玻璃外宫绘四季花鸟图宫灯（一对）
年　　代：清中期
尺　　寸：高55.5厘米　长22厘米　宽22厘米
拍卖时间：北京永乐　2009年12月13日　明清工艺品　第665号
估　　价：RMB 900,000—1,500,000
成 交 价：RMB 1,008,000

005

黑漆红彩螭龙纹轿箱
年　　代：清18世纪
尺　　寸：长69.1厘米
拍卖时间：纽约佳士得　1999年9月16日　重要的中国古代家具及工艺精品　第67号
估　　价：USD 70,000—90,000

006

漆制文房四件一套

年　　代：清晚期

拍卖时间：中国嘉德　1999年4月21日　瓷器、漆器、工艺品、家具　第176号

估　　价：RMB 12,000—18,000

成 交 价：RMB 13,200

007

剔红洞石花卉纹菱口盘

年　　代：明万历

尺　　寸：直径25厘米

拍卖时间：北京荣宝　2007年12月9日　秋季大型拍卖会——古董珍玩　第731号

估　　价：RMB 150,000—180,000

成 交 价：RMB 179,200

008

黑漆嵌骨人物故事轿箱

年　　代：明

尺　　寸：长74厘米

拍卖时间：中国嘉德　2007年12月15日　四季拍卖会——玉器、工艺品　第3540号

估　　价：RMB 30,000—50,000

009

戗金麒麟纹朱漆盝顶箱

年　　代：明永乐

尺　　寸：高21.6厘米　长19.7厘米　宽19.7厘米

拍卖时间：香港佳士得　2008年12月3日　重要中国瓷器及工艺精品　第2593号

估　　价：HKD 600,000—800,000

成 交 价：**HKD 680,000**

010
黑漆描金花卉官皮箱
年　　代：清
尺　　寸：高42厘米　长34厘米　宽31厘米
拍卖时间：北京金懋　2009年6月28日　古董珍玩　第451号
估　　价：RMB 8,000—12,000

011

大漆戗金龙纹官皮箱

年　　代：清

尺　　寸：高38厘米　长35厘米　宽21厘米

拍卖时间：北京金懋　2009年6月28日　古董珍玩　第452号

估　　价：RMB 5,000—8,000

012
红漆浅刻彩绘开光菊石纹书箱
年　　代：明嘉靖
尺　　寸：高36.5厘米
拍卖时间：上海大众　2010年1月3日　新海上雅集——海外回珍　第730号
估　　价：RMB 30,000

013

雕填漆花卉纹座

年　　代：清

尺　　寸：长15.5厘米　宽11.3厘米　高3.7厘米

拍卖时间：北京万隆　2010年1月8日　秋季艺术品拍卖会——古董珍玩专场　第1460号

估　　价：RMB 3,000

成 交 价：RMB 6,720

014
雕填漆树石花鸟纹几
年　　代：清
尺　　寸：长12.8厘米　宽12.8厘米　高12.1厘米
拍卖时间：北京万隆　2010年1月8日　秋季艺术品拍卖会——古董珍玩专场　第1461号
起 拍 价：RMB 3,500
成 交 价：RMB 11,200

015

剔红范仲淹访林和靖海棠形盘

年　　代：明

尺　　寸：长21.2厘米　宽17.3厘米

拍卖时间：浙江保利　2010年1月23日　2009秋季艺术品拍卖会——文房清玩　第70号

估　　价：RMB 350,000—360,000

016

剔黑缠枝牡丹纹盘

年　　代：元

尺　　寸：直径17厘米　高2.5厘米

拍卖时间：浙江保利　2010年1月23日　2009秋季艺术品拍卖会——文房清玩　第73号

估　　价：RMB 350,000—360,000

017

剔红婴戏图圆盒

年　　代：明

尺　　寸：直径6厘米　高2.5厘米

拍卖时间：浙江保利　2010年1月23日　2009秋季艺术品拍卖会——文房清玩　第71号

估　　价：RMB 80,000—82,000

017
剔红婴戏图圆盒

018

剔黑富贵万代小方案

年　　代：清乾隆

尺　　寸：长55厘米　宽39厘米　高18厘米

拍卖时间：浙江保利　2010年1月23日　2009秋季艺术品拍卖会——文房清玩　第75号

估　　价：RMB 90,000—120,000

019
彩漆描金苍龙训子图编竹书箱
年　　代：清早期
尺　　寸：长53.5厘米　宽36.5厘米　高18.8厘米
拍卖时间：永乐国际　2010年5月18日　明清工艺精品　第664号
估　　价：RMB 40,000—50,000

020
御制沥粉漆金龙凤纹宝册箱（一对）
年　　代：清乾隆
尺　　寸：长37.5厘米　宽24.5厘米　高30.5厘米
拍卖时间：永乐国际　2010年5月18日　明清工艺精品　第661号
估　　价：RMB 300,000—350,000
成 交 价：RMB 425,600

020
御制沥粉漆金龙凤纹宝册箱（一对）

021

金漆龙凤簏

年　　代：清中期

尺　　寸：高40厘米　长46厘米　宽34厘米

拍卖时间：北京保利　2010年6月5日　中国古董珍玩　第5235号

估　　价：RMB 20,000—30,000

成 交 价：RMB 24,640

022

雕漆宝顶式洞石花卉香车

年　　代：清乾隆

尺　　寸：高38厘米

拍卖时间：中国嘉德　2010年11月21日　铄古铸今——明清工艺的摹古与创新　第2705号

估　　价：RMB 1,200,000—1,500,000

成 交 价：RMB 1,344,000

023

剔红皮球花三多纹文具箱

年　　代：清乾隆

尺　　寸：长34.5厘米　宽21厘米　高22厘米

拍卖时间：北京长风　2011年1月20日　精工细琢——文玩工艺品专场　第840号

估　　价：RMB 200,000—280,000

成 交 价：RMB 336,000

024

黑漆嵌螺钿开光百宝官帽箱

年　　代：清康熙

尺　　寸：高41厘米　长39厘米　宽27厘米

拍卖时间：北京匡时　2011年6月8日　清代宫廷艺术品专场　第2403号

估　　价：RMB 1,000,000—1,200,000

成 交 价：RMB 1,150,000

025
黑漆嵌螺钿高士人物盖盒
年　　代：清早期　"千里"篆书款
尺　　寸：高17厘米
拍卖时间：北京保利　2010年12月6日　5周年秋季拍卖会　中国古董珍玩（一）　第5425号
估　　价：RMB 120,000—180,000

025
黑漆嵌螺钿高士人物盖盒

026

剔红云蝠纹三层提盒

年　　代：清乾隆　款识"大清乾隆年制"

尺　　寸：高29.9厘米　宽35.6厘米　深35.6厘米

拍卖时间：香港佳士得　2011年6月1日　中国宫廷御制艺术精品　第3575号

估　　价：HKD 4,000,000—6,000,000

成 交 价：HKD 10,740,000

026
剔红云蝠纹三层提盒（局部）

027

填漆雕云龙纹官箱

年　　代：清

尺　　寸：高29厘米

拍卖时间：太平洋　2011年6月18日　珍·雅趣——重要杂项工艺品专场　第272号

估　　价：RMB 8,000

成 交 价：RMB 91,840

028

御制雕漆十二花神图宫车式文具箱

年　　代：清乾隆

尺　　寸：长37.4厘米　宽33厘米　高23.5厘米

拍卖时间：永乐佳士得　2011年11月15日　重要明清瓷器、金锭及工艺精品　第152号

估　　价：RMB 1,500,000—1,800,000

成 交 价：**RMB 1,840,000**

029

绿漆沥粉龙凤宝册箱（一对）

年　　代：清乾隆

尺　　寸：长29厘米　宽28.8厘米　高35厘米

拍卖时间：永乐佳士得　2011年11月15日　重要明清瓷器、金锭及工艺精品　第151号

估　　价：RMB 50,000—70,000

成 交 价：RMB 57,500

029

绿漆沥粉龙凤宝册箱（局部）

030
剔红嵌錾胎掐丝珐琅群仙贺寿图花篮式壁挂（一对）
年　　代：晚清
尺　　寸：高111.8厘米
拍卖时间：香港佳士得　2012年5月30日　重要中国瓷器及工艺精品　第4093号
估　　价：HKD 2,000,000—3,000,000

030

剔红嵌錾胎掐丝珐琅群仙贺寿图花篮式壁挂（一对）

031
木胎金漆龙纹经箱（一对）
年　　代：清
尺　　寸：长44.5厘米　宽30厘米　高44厘米
拍卖时间：上海大众　2012年8月4日　新海上雅集　2012年大型艺术品拍卖会——皇室长物　第454号
估　　计：RMB 1,200,000

031
木胎金漆龙纹经箱（一对）

032
剔彩万福庆寿纹文具箱
年　　代：清乾隆
尺　　寸：高44.5厘米　宽41.3厘米　深34.3厘米
拍卖时间：香港佳士得　2012年11月28日　精凝简练——美国私人收藏家珍藏中国家具　第2035号
估　　价：HKD　450,000—650,000
成 交 价：HKD 620,000

033

黑漆嵌螺钿文王求贤图琵琶

年　　代：明晚期

尺　　寸：长95厘米

拍卖时间：北京保利　2012年12月5日　大明·格古　第5591号

估　　价：RMB 350,000—550,000

成 交 价：**RMB 782,000**

034

大漆拐子纹灯架成对

年　　代：清

尺　　寸：高196厘米

拍卖时间：中国嘉德四季　2011年6月20日　佳器遗构——明清家具构件及古典家具专场　第5420号

估　　价：无底价

成 交 价：RMB 17,250